de Calcuta

Viva en el ecuerdo
a los diez años de su muerte

José Luis González-Balado

LIBROS LIGUORI

One Liguori Drive ▼ Liguori, MO 63057-9999

Imprimi Potest:
Thomas D. Picton, C.Ss.R.
Provincial de la Provincia de Denver
Los Redentoristas

© 2007, Libros Liguori
ISBN 978-0-7648-1589-8
Impreso en Estados Unidos
07 08 09 10 11   5 4 3 2 1

Todas las citas han sido tomadas de la *Biblia de América*, cuarta edición, 1994.

La Editorial Liguori es una institución con fines no lucrativos y es un apostolado de los Redentoristas de la Provincia de Denver. Para conocer más acerca de los Redentoristas, visite la página web Redemptorists.com.

Para pedidos, llame al 1-800-325-9521
www.liguori.org

Algo hermoso para Dios

Se acerca, a la velocidad psicológica con que transcurre el tiempo para los que ya no somos jóvenes, el décimo aniversario de la muerte de la Madre Teresa de Calcuta. Falleció el 5 de septiembre de 1997. Este próximo 2007 se habrá cumplido el décimo aniversario, sin que el nombre, el recuerdo y la obra de la ya oficialmente reconocida beata Madre Teresa, hayan perdido intensidad y presencia en los corazones y conductas de muchos que la veneran.

Una de sus hijas explicó con ingenua pero auténtica sencillez, a las pocas semanas de la muerte de la Madre Fundadora, que cuando aún vivía en esta tierra, su presencia estaba más vinculada a visitas y presencias fugaces —de gran importancia para la Madre Teresa— a cada una de las muchas casas que ya estaban esparcidas por el mundo entero. Pero que, tras su muerte, ya era fácil imaginarla residiendo permanentemente en cada una de las 500 casas y junto a cada una de 5000 Misioneras de la Caridad esparcidas por el mundo.

Encuentros y anécdotas

Los recuerdos en torno a la Madre Teresa que se han generado en esta década son tantos que habría para llenar muchas páginas, más de las que disponemos en una publicación breve como ésta.

Quizá bastara con la simple condensación de emociones y anécdotas —todavía recordadas por todos— que se vivieron desde el atardecer de aquel viernes 5 de septiembre de 1997 en que se esparció por todo el mundo la noticia de su muerte. Todos seguimos las noticias de cómo un accidental corte de corriente interrumpió el oxígeno que la alimentaba en su celda, y el mundo entero siguió por televisión los funerales del sábado 13.

Algo hermoso para Dios

Mis recuerdos directos, visuales y personales se remontan a una mañana temprana de finales de mayo de 1976. Ya había oído hablar con admiración de aquella religiosa excepcional a personas que la conocían y había tenido ocasión de tratarla. Ya había leído sobre ella reportajes vibrantes y convincentes. Ya había pasado por mis manos el libro que la reveló a medio Occidente cuando sólo se la conocía en una India entonces más lejana y misteriosa que en estos comienzos del siglo XXI.

Era el libro, más reportaje que biografía, del gran periodista inglés Malcolm Muggeridge, titulado Something beautiful for God (Algo hermoso para Dios).

Algo hermoso para Dios, a través de su representación en los Pobres —palabra que la Madre Teresa siempre escribía con mayúscula al igual que el otro gran apóstol de la caridad San

Vicente de Paúl—, era lo que la Religiosa india de origen albanés y de vocación y fama pronto universal se proponía llevar a cabo. Y a fe que lo logró. Y que, sin atreverse a proponérselo, consiguió que hiciesen algo parecido y que sigan haciendo, muchos otros. Porque lo dice el refrán castellano: que si las palabras convencen —la Madre Teresa era más bien parca de palabras—, los ejemplos arrastran.

El suyo sigue arrastrando a miles y miles de personas. ¡Dios quiera que siga arrastrando cada día a más!

Something beautiful for God, un libro que fue casi un milagro. Escrito por un bautizado anglicano, en realidad agnóstico, pero que tenía la honradez racional y humana de dejarse impresionar y convencer por los testimonios realmente convincentes, como el de la religiosa.

Eso era Malcolm Muggeridge, el periodista fallecido años antes que la Madre Teresa, a quien ella profesó siempre una sincera gratitud, porque, con aquel libro, logró sensibilizar a muchos con la condición de los Pobres de la India, que pronto —y por efecto en gran parte de aquel libro— fueron todos los Pobres del ancho mundo.

Malcolm Muggeridge se decidió a escribir sobre una Madre Teresa a la que nadie conocía aún en Occidente, casi ni siquiera en los ambientes eclesiásticos, cuando, enviado especial a la India para hacer reportaje sobre otros temas, supo —a finales de los años cincuenta— de una monja de origen albanés que hacía milagros de amor y de solidaridad cristiana en favor de los "descastados" de Calcuta y de otras partes de la India.

Para escribir con autenticidad y para hacer un reportaje realista para la BBC sobre su obra, Muggeridge quiso contar con la colaboración de la religiosa albano-india. Sin embargo, ella no tenía el menor deseo de figurar como protagonista de nada, debido a que estaba muy lejos de creer que lo que ella hacía mereciese ponerse en conocimiento de los demás. Se trataba, para ella, más en la intención que en la realidad, de "algo hermoso para Dios". Esta expresión se dejó escapar en presencia del gran periodista y reportero, el cual ya no tuvo que discurrir mucho para utilizarla como título para su reportaje y libro. Se lo había facilitado, sin pensarlo, la misma Madre Teresa: *Something beautiful for God.*

Recordando el primer encuentro

Nunca olvidaré la mañana aquella de finales de mayo de 1976 en que, a hora temprana, me encontré por primera vez con la Madre Teresa. Fue en el aeropuerto de Madrid, en su primera visita a España, donde fundaría dos casas de su obra: una en Madrid y otra en Barcelona. Aquella mañana llegaba de Estados Unidos, donde, al contrario que en España, era ya muy conocida. Allí había fundado varias casas, y su obra en beneficio de los Pobres recibía una generosa ayuda, al igual que en Alemania, Inglaterra, Holanda, Italia, y Suiza.

Como en todos los países por donde la Madre Teresa pasaba, a España no venía a pedir, sino a dar. La había invitado el Cardenal Arzobispo de Madrid, Vicente Enrique Tarancón, para que abriera una casa de su congregación.

Llegó de incógnito, no sólo por la hora sino porque casi nadie aquí aún la conocía. Sólo la esperaban, un eclesiástico enviado del Cardenal Arzobispo Tarancón, un periodista y dos simpatizantes de su obra, uno de los cuales era yo. El otro simpatizante, empleado de una línea aérea, era experto en las gestiones que hay —o había, en aquellos años— que llevar a cabo en los aeropuertos. Por ejemplo, las relaciones con la policía de fronteras.

Para que la recién aterrizada pudiese saludar

al enviado del Cardenal Arzobispo y responder a la curiosidad profesional del único periodista que había acudido al aeropuerto, el buen auxiliar se brindó a realizar por la Madre Teresa las gestiones necesarias con la policía y yo fui con él.

No la querían dejar entrar en España

Nos enteramos con sorpresa de que la extraña pasajera —tal parecía, vistiendo un sari que nunca había tenido ocasión de observar— con pasaporte indio y sin visado, no podía entrar en España. Esto nos produjo un serio disgusto y nos predispuso a entablar una convencida, aunque correcta, discusión con el representante de la ley de fronteras. ¿Cómo se iba a impedir la entrada en el país a una mujer del prestigio religioso y humano de la Madre Teresa, admirada en todas partes, aunque en España fuese desconocida? A fin de cuentas —insistimos—, la Religiosa no venía a hacer turismo ni para misión alguna sospechosa, sino para complacer la invitación de la máxima autoridad religioso-católica de España, el Cardenal Arzobispo Vicente Enrique Tarancón, quien deseaba sino que en Madrid hubiera una fundación de las Misioneras de la Caridad al servicio de los Pobres…

Eran razones que por nuestra parte considerábamos convincentes. Pero más convencido todavía de sus propias razones, el policía nos dijo: "Todo lo que me digan de esa monja, a la que por otra parte no tengo el gusto de conocer, me parece muy respetable. Pero la norma está clara: en su caso, puesto que viaja con pasaporte de la India, hubiera necesitado un visado y en su pasaporte no hay constancia de que lo hubiera solicitado. Yo no estoy autorizado a dejarla pasar".

Mientras nosotros discutíamos con el agente de seguridad, la Madre Teresa estaba intercambiando unas palabras de saludo con el representante del Arzobispado y con el periodista. Pero al parecer, la Madre Teresa también tuvo ocasión de dirigir una mirada hacia quienes le habíamos querido evitar el tener que presentar su pasaporte en la ventanilla de fronteras.

Hasta el propio policía se debió percatar de nuestra buena fe de intermediarios y de la más que probable inocuidad de la monja. Más convencido por la bondad aparente de la religiosa que por nuestros argumentos, nos dijo que consultaría el tema con sus jefes. Se ausentó un par de minutos diciéndonos que iba a llamar por teléfono. Cuando volvió, nos dijo con cierta tranquilidad: "A pesar de que no tiene visado, les doy una buena noticia: la Dirección de Fronteras me ha contestado que autoriza a esa monja a permanecer en España durante 72 horas".

Recuperada de tal suerte la tranquilidad, nos dirigimos hacia la Madre Teresa que ya parecía haber terminado de hablar con el periodista y con el enviado del Cardenal Arzobispo. Y como con el rabillo del ojo nos había visto casi discutir con el policía de fronteras, nos preguntó si había surgido algún problema grave. Nos resultó cómodo poderle decir que todo se había resuelto de manera feliz, a pesar de que, con su pasaporte indio, hubiera necesitado visado para entrar en España. Las autoridades habían puesto a un lado el requisito, incluso autorizándola para permanecer en Madrid tres días. Lo agradeció, pero dijo que tenía ya billete aéreo para proseguir al día siguiente para Roma.

El pasaporte de reserva

Se mostró disgustada de haber creado tal molestia a las autoridades y a nosotros. Nos dio las gracias y nos pidió que se las diéramos en su nombre al policía que había desarrollado la gestión.

Acto seguido, con absoluta sencillez, sin el más mínimo asomo de exhibicionismo, nos mostró cómo se hubiera podido evitar el ligero incidente. De un modestísimo bolso de mano sacó otro pasaporte: el del Vaticano. Evidentemente, con él, en aquella España más clericalizada que la de estos tiempos —no necesariamente más religiosa que la actual—, no sólo no le habrían puesto dificultades sino que se le hubieran abierto muchas puertas. Nos explicó que tal pasaporte se lo había hecho dar el papa Pablo VI para que pudiera desarrollar sus misiones más imposibles a favor de los Pobres.

Una de ellas había sido abrirle las puertas cerradas de Bangladesh, recientemente separada de la India. Una comunidad de sus hermanas había quedado de la otra parte, junto con una población humana totalmente desasistida. A unos y a otras la Madre Teresa pudo acudir en socorro gracias al pasaporte diplomático que, por deseo de Pablo VI, le facilitó la Secretaría de Estado vaticana.

Aunque agradecidos al policía de fronteras por el permiso que había conseguido para la Madre Teresa, tuvimos que revelarle el secreto que nosotros mismos acabábamos de conocer: que la monja india tenía también, por si hubiera hecho falta, un pasaporte diplomático del Vaticano. Sin esperarlo, nos reprochó de manera razonable: "¿Y por qué no me lo dijeron antes? Me hubieran evitado tener que molestar por teléfono a mi jefe, que no dio muestras de sentirse muy feliz".

¿Qué le íbamos a decir? Que nosotros mismos acabábamos de enterarnos. Que lo evidente era que sólo en circunstancias excepcionales la Madre Teresa recurría a tal pasaporte de reserva…

Como primera cosa
quiso oír Misa

Para cuando todo quedó felizmente resuelto, ya había transcurrido alrededor de una hora. El representante del Cardenal Arzobispo dijo a la Madre Teresa que, por orden de su superior, estaban a su servicio él y un automóvil con chofer: "Madre, estamos a su completa disposición. Ordene lo que usted quiera", le dijo en nuestra presencia.

Sentimos una gran curiosidad por saber lo que la Religiosa deseaba hacer primero en España. Quizá lo más normal, a aquella hora temprana, hubiera sido pedir que la llevaran a desayunar a la cafetería del aeropuerto. Madre Teresa pidió otra cosa que no he olvidado tres décadas más tarde y a casi una desde su muerte: "Padre, si es posible quisiera poder oír misa y recibir la sagrada comunión".

Aunque sorprendidos, tuvimos la impresión de que iba a ser posible. Me contaron, al día siguiente, que la llevaron al convento de Religiosas Benedictinas donde habían previsto que se hospedase. La Madre Teresa asistió a la Santa Misa de la comunidad, comulgó con ejemplar devoción, luego desayunó con ellas, como si fuese una hermana más de la comunidad.

A continuación se dejó llevar para lo que había venido. Recorrió las zonas más deprimidas del suburbio madrileño al que, llegado el momento, se dedicaría una comunidad de sus hermanas.

En ninguna de las visitas que haría a sus dos comunidades de las Misioneras de la Caridad en Madrid, la Madre Teresa visitó museo ni monumento alguno de los que atraen a los turistas de todas partes. Para ella, los Pobres eran Jesús. Y Jesús, para la Madre Teresa, tenía y tiene todas las preferencias sobre cualesquiera monumentos, paisajes u obras de arte.

Aunque me hubiera gustado, no la pude acompañar durante el resto del día.

Me contaron que, después de recorrer los barrios humildes de la ciudad, saludando con cariño y respeto a los Pobres a los que los demás no saludaban, había tenido un encuentro con una nutrida representación de Religiosas. Que alguna de ellas, en nombre de las demás, le preguntó por el resultado de sus recorridos por los arrabales de la capital, y si había visto mucha pobreza.

La Madre Teresa contestó que sí, que había observado la existencia de zonas de pobreza parecidas a las de otras grandes ciudades de Europa y de América. Que, bajo algunos aspectos, se trataba de una pobreza peor aún que la pobreza de escasez de cosas que había en los slums (arrabales) de Calcuta o de la India, donde a la gente que nada poseía se le notaba mayor resignación y paz. Dijo que, en Calcuta, no se veían antenas de televisión en los techos de hojalata de algunas chabolas como las había visto en su recorrido por barrios madrileños como Vallecas, —¡la deprimida Vallecas de entonces— como Pan Bendito, como el Pozo del Huevo, etc. Pero que en la India veía rostros más sonrientes, niños jugando, ancianos mejor atendidos por sus parientes que los que había encontrado en aquel primer recorrido suyo por las afueras de Madrid, que no dejaba de parecerse a otros hechos por los arrabales de Londres, de Roma o del Bronx newyorkino.

En todo caso, sí aseguró que estaba convencida de que existían razones para el establecimiento de un centro de asistencia de las Misioneras de la Caridad en Madrid. La que hacía de portavoz de las restantes religiosas quiso saber para cuándo tenía previsto inaugurar tal primera comunidad de sus hermanas en Madrid. La Madre Teresa le contestó que tenía en espera una lista de alrededor de unas setenta solicitudes de nuevas fundaciones. Y completó la respuesta con una amable sonrisa: "De todos modos, queridas hermanas, no esperen a que vengamos nosotras para expresar su amor a los Pobres. Ustedes saben mejor que yo que Jesús considera hecho a Él lo que hacemos en favor de los necesitados. Lo expresó cuando dijo: Tuve hambre y me disteis de comer. Tuve sed y me disteis de beber. Estaba desnudo y me vestisteis…".

Las urgencias de los pobres

Se nos hicieron largos los casi cinco años, desde aquel 1976, que tardó la Madre Teresa en volver a visitar España. La verdad fue que, archiocupada como estaba — ¡cuánto lo estuvo toda su vida!, ¡cuánto tuvo que viajar, no por turismo, claro está!, ¡cuánto trabajó hasta el último instante de su vida la Madre Teresa!—, resolviendo cada día las mil urgencias de los pobres en los cinco continentes, dio pruebas fidedignas, muy concretas, de que no se olvidó de la fundación pendiente en uno de los barrios más pobres de Madrid. Mientras tanto, en otros rincones pobres del universo, iba llevando a cabo, al ritmo aproximado de una veintena por año, las setenta fundaciones que tenía solicitadas y "comprometidas" con Jesús, para ella encarnado en los Pobres.

La noticia del Nobel de la Paz 1979

En todo caso, más fácil era que nosotros nos hubiéramos olvidado de la Madre Teresa que la Madre Teresa de los Pobres que había encontrado en el Madrid deprimido de unos años antes.

Durante la espera se produjo un hecho que se la hizo recordar a todo el mundo. A los que ya habíamos tenido la suerte de encontrarnos con ella, nos produjo una mezcla de orgullo y de íntima alegría, más que simple sorpresa. Ocurrió cuando, en octubre de 1979, se difundió la noticia de que le habían concedido el Premio Nobel de la Paz. Si alguien pensara que tal extraordinario reconocimiento y la consiguiente popularidad le produjera a la Madre Teresa el menor trastorno emocional, no dejaría de estar muy equivocado.

La Madre Teresa aceptó el premio con humilde agradecimiento, en nombre y representación de los Pobres. A ellos destinó hasta el último centavo de lo que el Premio representaba desde el punto de vista económico. Y de hecho representó más que en años anteriores por una razón que no conviene olvidar. En unas cuantas ediciones de años anteriores, el Nobel de la Paz había recaído en políticos que por la paz, al parecer, habían hecho más de nombre que en realidad. Pudo ser que el jurado más se hubiese decidido a premiarlos como estímulo para que trabajasen a favor de la paz que por lo que hubieran hecho hasta entonces. Sólo basta consultar las listas de algunos entre los premiados en años inmediatamente anteriores a 1979.

Como protesta contra las asignaciones del Nobel de la Paz con las que no estaban de acuerdo, algunos grupos nórdicos —de Suecia y Noruega, sobre todo, donde tiene su sede la Fundación Alfred Nobel—, crearon un premio denominado "Nobel del Pueblo", con aportaciones voluntarias, a veces no menos consistentes que las del premio oficial. El Nobel del Pueblo era otorgado a algún personaje que consideraban más merecedor que el reconocido oficialmente. [Hubo más premiados con el Nobel del Pueblo, pero yo recuerdo uno: el Arzobispo brasileño de Recife, Dom Helder Câmara].

Pues bien: en 1979 los organizadores del "Contranobel" estuvieron tan de acuerdo con la asignación oficial a la Madre Teresa que le dieron también el "Nobel del Pueblo". Con lo que los Pobres destinatarios de uno y otro premios resultaron doblemente agraciados.

Para la Madre Teresa, el refrigerador era un lujo

Tan no se olvidaba la Madre Teresa de los Pobres de Madrid —¡y de los de… Papuasia!— que, desde Oslo, adonde había acudido para recoger el doble Nobel el 8 de diciembre de 1979, nos mandó unas letras para anunciar que estaba a punto de llegar la hora para la fundación de una casa de Misioneras de la Caridad en Madrid.

En Madrid, entre tanto, el pequeño grupo de voluntarios que nos habíamos propuesto preparar las cosas —sin mérito alguno: lo digo en primer lugar por mí mismo—, andábamos en busca de una casita que pudiese acoger a la pequeña comunidad de Misioneras de la Caridad.

Quienes conocían bien el espíritu de la Madre Teresa y de sus hijas, nos habían pedido que les creáramos un ambiente sencillo y austero, pero se nos pusieron las cosas paradójicamente difíciles. Viviendas cómodas y caras en alquiler o para comprar hubiéramos encontrado centenares. Sin embargo, en el arrabal pobre y chabolero no había nada disponible.

Pero Dios hace milagros —¡cuántos se produjeron alrededor de la Madre Teresa!— y al fin surgió una casucha sencilla y humilde en alquiler en una localidad en la que abundaban las familias necesitadas y sencillas.

Una persona muy cercana en espíritu a la Madre Teresa nos había advertido que fuéramos también evangélicamente austeros en el mobiliario, pero que podíamos tener un cuidado algo mayor en la parte destinada a la capilla para la celebración de la Eucaristía y la adoración del Santísimo.

Naturalmente, todo fue fruto de la generosidad de muchos. Sólo hubo algo un poco fuera de lo corriente: un refrigerador, obsequio de unos grandes almacenes, que se deshicieron de él con gusto porque se trataba de un modelo que se había quedado viejo y que se proponían sustituir por otro de más reciente fabricación y, por lo mismo, de más fácil venta.

Por cierto, cuando en julio de 1980 llegó el momento en que la Madre Teresa vino con cuatro hermanas —todas jóvenes: dos de ellas indias, una latinoamericana y una inglesa— a fundar la casa pendiente desde hacía casi 5 años, hubo un detalle sobre el que, con suma delicadeza, la Madre Teresa se mostró en muy gentil desacuerdo: el refrigerador. No fue porque se tratase de un modelo casi en desuso, algo de lo que estoy bastante convencido de que ella no entendía mucho, ni la preocupaba.

Nos dijo —fui yo personalmente el destinatario de sus palabras muy gentiles— que el refrigerador era un lujo incompatible con la pobreza que profesan por voto las Misioneras de la Caridad.

Por supuesto, nos lo agradeció y nos pidió que, en su nombre, lo agradeciéramos a quienes nos lo habían regalado. Y sugirió una solución que tenía en consideración la bondad de los donantes: nos dijo que se pusiera en el comedor para Pobres que proyectaban fundar las nuevas hermanas una vez que se hubieran establecido. [Éstas llegaron de Roma, tras dos días de viaje en tren, cargadas con algunas cosas pesadas y corrientes que querían ofrecer a los Pobres de Madrid en nombre de los Pobres de Roma].

Amistad con la Reina Doña Sofía

Aquella segunda visita a España, ya con las cuatro jóvenes hermanas, fue algo escasamente parecido a su primera visita, realizada a finales de mayo de 1976.

El eco aún reciente del Nobel de la Paz había conferido a la Madre Teresa una extraordinaria publicidad, que para ella era incómoda. Pero no la había cambiado en absoluto. La sencillez de su primera visita era la misma, si no aún mayor, en la segunda. Lo que cambió fue el entusiasmo, revestido de veneración, por parte de la gente.

El entusiasmo, y también curiosidad, de la gente alcanzó tal punto de desbordamiento que un grupo de voluntarios tuvimos que "acordonarnos" para defenderla de tanto entusiasmo y fervor, de aquellos que querían tocarla casi en demanda de un milagroso contagio y hasta de besarla con devoción. Las buenas gentes parecían querer dejarse contagiar por su bondad. La tocaban, la besaban, dando desahogo a una costumbre española, popular y espontánea, sobre todo por parte de las mujeres, de saludar con un beso en cada mejilla como si se tratara de la Virgen del Pilar o de la Almudena.

Cuando, después de tres días en los que trató de dejar bien afianzada la nueva fundación, tuvo que irse para cubrir otras urgencias —recuerdo que de Madrid iba a Skopje, vía Zurich, para fundar una casa en la ciudad donde había nacido el 26 de agosto de 1910—, le confió a una persona de su particular confianza (que otra no era sino mi esposa, Janet N. Playfoot), que no recordaba haber recibido nunca y en ninguna parte tantos besos como durante aquellos cuatro días en Madrid.

Creo recordar que también la saludó con dos besos y con otros dos se despidió de ella Su Majestad la Reina de España, Doña Sofía. Fui circunstancial testigo del primer encuentro entre ambas, que fue el comienzo de una amistad cordial y duradera entre la Reina de España y la Madre Teresa.

Estaba la Fundadora de las Misioneras de la Caridad, el 24 de junio de 1980 —por cierto, fiesta onomástica de su esposo, el Rey Don Juan Carlos de Borbón—, ocupada en una especie de rueda de prensa con la que quiso satisfacer por igual y en un acto único a todos los periodistas y reporteros que habían solicitado poder entrevistar a la más reciente galardonada con el Premio Nobel de la Paz. Hacia el final del acto común, llegó una llamada telefónica del Palacio Real que una particular contingencia determinó que la tuviera que atender quien esto escribe. Pedían a la Madre Teresa si podía demorarse una aproximada veintena de minutos porque la Reina Doña Sofía deseaba saludarla.

Apenas se lo referí al oído al Vicario General del Arzobispado de Madrid, quien estaba moderando el encuentro de la Madre Teresa con los representantes de la prensa, les dijo a los reporteros que ya se había agotado el tiempo a disposición y que ¡muchas gracias!, también en nombre de la Madre Teresa, que tenía que atender a otros compromisos.

A los pocos minutos de marcharse los periodistas, llegó Su Majestad la Reina. El encuentro con la Madre Teresa fue respetuosamente efusivo. En seguida celebraron una reunión a solas de más o menos media hora, que debía ser el tiempo de que disponía la Reina de España y al que se adaptó la Madre Teresa. Todo lo que se dijeron fue secreto entre dos personas muy respetuosas y discretas. Sólo hubo algo que la Madre Teresa dejó escapar, cuando al final de la mañana la trasladábamos en un automóvil muy sencillo, de ésos que en castellano se llaman utilitarios, a la recién estrenada residencia de las hermanas en los arrabales de la capital: nos habló de la sencillez que había admirado en Su Majestad la Reina Doña Sofía y de la confidencia que le había hecho de que, de no haber estado ocupado con la recepción oficial de la fiesta de su santo patrón, también a su marido el Rey Don Juan Carlos le hubiera agradado mucho poderla saludar en persona. Que le había dado el encargo de hacerlo por él a su Real Esposa.

Si el primer encuentro entre Doña Sofía y la Madre Teresa fue cordial, la despedida entre ambas fue aún más respetuosamente efusiva. Hubo evidencias —uno tuvo de ello pruebas muy discretas, pero también otros testigos más cercanos a Su Majestad y a la Madre Teresa— de que aquél fue sólo el comienzo de una sincera amistad mutua. Y fue el primero de varios encuentros personales y hasta de contactos telefónicos, compatibles con el máximo respeto y aprecio por las misiones de cada una.

España es una Monarquía parlamentaria. Se dice —y es correcto— que los Reyes Don Juan Carlos y Doña Sofía "reinan pero no gobiernan". Eso hizo que Doña Sofía pudiera asistir —como otras reinas y primeras damas: Fabiola, de Bélgica; Noor, de Jordania; Hillary Clinton, de Estados Unidos; Bernadette Chirac, de Francia...— a su funeral el 13 de septiembre de 1997. [¡Qué triunfo de funeral para uno de los seres humanos más sinceramente humildes del siglo XX!]. Pero eso mismo le impidió, por razón de un viaje de Estado en compañía de

Su Majestad el Rey de España, estar presente en otra ocasión importante: cuando el 19 de octubre de 2003 la Madre Teresa de Calcuta fue proclamada beata por Juan Pablo II en un acto muy concurrido.

Nos pidió que "cuidásemos a sus hijas"

Le habrá sorprendido al lector que la Madre Teresa considerase un lujo más que renunciable un frigorífico no obstante estuviera ya pasado de línea. Tanto que sugirió, o más bien pidió, prescindir de él en la cocina de las Hermanas.

Pero hubo un detalle que nos sorprendió y edificó no menos por su parte.

Tras dos días y medio de convivencia con las cuatro hermanas que se habían hecho cargo de la primera casa de las Misioneras de la Caridad en España —una modestísima casita en alquiler—, las hermanas y algunos colaboradores acompañamos a la Madre

Fundadora al aeropuerto de Madrid, desde donde se dirigiría a la entonces capital de Yugoslavia, con la intención de fundar una casa de la congregación en Skopje, donde ella había nacido.

Nos lo dijo, casi como un ruego confidencial, a dos colaboradores entre los más próximos entonces a la fundación recién inaugurada: "Les pido que me cuiden a las Hermanas".

Seguros de haberla interpretado correctamente, le contestamos: "No se preocupe, Madre. No les dejaremos faltar nada".

Nos habíamos equivocado. La Madre Teresa nos lo hizo comprender, sin el menor reproche. Nos rectificó con tono muy convincente, casi de súplica: "Les ruego que las ayuden a observar la pobreza".

Era casi lo contrario de lo que habíamos entendido…

La Iglesia
reconoció un milagro

Los centenares de miles de personas que acompañaron de presencia el cadáver de la Madre Teresa en su funeral por las calles de Calcuta, y los millones que lo seguimos por televisión desde todo el mundo, estábamos más que convencidos de rendir homenaje de veneración a una santa. También lo estaba el porcentaje inmenso, muy mayoritario, de los que no eran católicos. Los católicos aceptamos, por disciplina, el veredicto de la Iglesia, y no se nos hizo esperar mucho tiempo. Para declarar beata a la Madre Teresa se reconoció su excepcionalidad en materia de práctica de las "virtudes cristianas," y esto para ella ocurrió tan sólo a los cinco años de su muerte. Para otros candidatos a la gloria de los altares el proceso puede tomar décadas.

Si para los demás se exigen milagros como prueba, también se exigieron para ella. Y los hubo. Por lo menos uno muy evidente. Fue el que se produjo en una pobre mujer, humanamente desahuciada, que ni siquiera había conocido a la Madre Teresa. Era una mujer que no compartía su fe, porque era de religión animista. Una religión que, desde luego, no tiene mucho que ver, desde el punto de vista de la "exterioridad", con la religión católica profesada — ¡con cuánta intensidad y convicción!— por la Madre Teresa de Calcuta.

El 5 de septiembre de 1998

La "ortodoxia" católica enseña que los milagros sólo los puede hacer Dios. Que los santos, o candidatos a ser reconocidos como tales, intervienen como intercesores. Pues bien: Dios hizo el milagro de curar a Monika Besra, desahuciada por los profesionales de la medicina, por intercesión de la Madre Teresa, a la que Monika ni había conocido ni le había rezado.

Se la recomendaron, con sus oraciones y con la aplicación de una reliquia suya, dos religiosas de la congregación fundada por la Madre Teresa: las hermanas Bartholomea y Ann Sevika, que desarrollaban su obra de caridad en un hogar para moribundos al que había ido a parar la pobre Monika Besra: una madre de familia con cinco hijos de cortas edades, con una serie de males que no admitían remedio alguno.

Algo que merece destacarse es la coincidencia y fecha tanto de la invocación a la Madre Fundadora por sus hijas Bartholomea y Sevika como la aplicación al cuerpo desahuciado de la enferma de una reliquia de la Madre Teresa. Ocurrió el 5 de septiembre de 1998, es decir, cuando se cumplía el primer aniversario de su muerte.

Coherencia de la
Madre Teresa

Cabe decir que, con su intervención milagrosa a favor de la señora Besra, no es que la Madre Teresa se saliera de su coherencia. Es que, de la misma manera que para ofrecer su ayuda a los Pobres, nunca en su vida les había exigido documentación previa de fe religiosa, de que fueran católicos como ella, ni siquiera de que practicasen religión alguna, y supo ver en todos los Pobres a Cristo, de cualquier religión que fuesen o de ninguna, tampoco descartó de su intercesión a la animista tribal Monika Besra.

Más de una vez en vida había confesado la Madre Teresa que, por mucho que le hubiera agradado que todos los seres humanos compartiesen la alegría de su fe, que aceptaba de buen grado que los planes de Dios fuesen otros. Aceptaba que en el mundo hubiese católicos, pero también que hubiese metodistas, y anglicanos, y budistas, y presbiterianos, y calvinistas, y baptistas, etc. Por eso, absteniéndose de cualquier proselitismo que no fuera, si acaso, el derivado, de manera implícita, de la fidelidad y alegría íntima de su testimonio, aseguraba rezar para que los cristianos fuesen mejores cristianos, y para que todos los demás fueran mejores creyentes en sus propias religiones.

Vale la pena subrayar que si hasta que se vio milagrosamente curada Monika Besra no había tenido noticia más o menos aproximada sobre quién había sido la Madre Teresa, a partir del milagro sí que la tuvo y tiene.

Basta recordar que, unos días después, confesó ella misma: "El milagro del que he sido beneficiaria el 5 de septiembre de 1998 no ha sido lo único. Me doy cuenta, día tras día, de que mi familia está bajo la protección de la Madre Teresa. Me veo rodeada de una gran alegría. Personalmente, siento un inmenso agrado en ayudar a los demás. Hay quienes me piden que rece por ellos, por la salud de algún pariente o amigo suyo, por la serenidad de familias que atraviesan por momentos de crisis. Por mi parte los recomiendo a la Virgen y a la Madre Teresa. A menudo me comunican que sus dificultades llevan camino de resolverse".

Cuando la fama de santidad es auténtica

El milagro atribuido a la intercesión de la Madre Teresa sirvió para que Juan Pablo II, que la había conocido y estimado y tratado mucho, adoptase la determinación de declararla beata en un plazo que, desde hace siglos, constituyó un récord. Lo hizo a los siete años de su muerte, mientras para los demás se han venido esperando décadas. Tanto tiempo se espera a veces, que, para cuando el candidato a alcanzar el reconocimiento como beato —y aún más el siguiente y más importante como santo—, ya no quedan supervivientes que lo hubieran conocido personalmente.

Claro que hubo una razón de peso para que Juan Pablo II permitiera tal aceleramiento en el proceso de la Madre Teresa que, en realidad, aún pudo y estuvo a punto de ser mayor. Es que, aunque el milagro tiene gran peso jurídico-canónico, hay otro argumento previo de mayor peso, que suele tener mayor consideración que el milagro. Y es la fama auténtica de santidad del candidato. Éste era el caso con nuestra conocida, admirada y querida en vida y después de muerta, la Madre Teresa de Calcuta, que todos tenían como una verdadera santa.

Ya sea si tuvieron la suerte de conocerla personalmente, o si sólo han oído hablar de ella a personas que la hayan conocido y que se muestren serenas en sus juicios, los lectores de estas páginas compartirán sin dificultad la convicción de la tranquila fama de santidad de la Madre Teresa.

Es tan creíble el buen sentido de la buena gente que por mucho tiempo —los primeros diez o doce siglos del cristianismo— los santos eran considerados como tales por los testigos inmediatos y por los beneficiarios de sus ejemplares virtudes.

Merece tal aprecio el juicio unánime, genuino y sereno de las buenas gentes que se acuñó para él una definición axiomática que aún se conserva en la solemnidad de la lengua latina: Vox populi, vox Dei. La voz del pueblo (genuinamente cristiano, y recto y convencido) es voz de Dios.

El que era reconocido santo por la voz unánime y no influenciada del pueblo cristiano, se consideraba acreedor de culto de veneración a nivel de lo que hoy sería una diócesis. Si, pasado el tiempo, tal fama de santidad acreedora de veneración se mantenía firme y convencida, el santo o santa pasaba a ser considerado como tal por el resto de la Iglesia.

En la Iglesia actual, con el propósito de frenar algunos abusos que sobrevinieron, la beatificación y canonización pasó a ser derecho exclusivo de la jerarquía. Ahora se procede en dos etapas. La primera es la de la beatificación, que tiene un alcance local. Los beatos son reconocidos como tales y son objetos de veneración, primero con carácter local, o por parte de las instituciones religiosas de las que hubieran formado parte en vida. Por eso, la Beata Teresa de Calcuta de momento recibe culto público en las casas de la congregación por ella fundada. Cuando sea proclamada santa, pasará a recibir culto por parte de la Iglesia universal.

Así lo exige la disciplina de la Iglesia y así, como buenos católicos, lo aceptamos. Pero eso no nos impide, en nuestro foro interno, a todos los convencidos de su santidad, rendirle veneración.

Santa viviente

La fama de santidad de la Madre Teresa era grande ya en vida. Lo cual no es de extrañar. A beatos y santos, aunque se les reconozca canónicamente como tales sólo después de muertos, no ocurre sino porque han dado muestras de serlo mientras vivían.

Era tal la evidencia de las virtudes de la Madre Teresa, su amor a Dios y a los hombres, empezando por los Pobres con los que se identificó Cristo, que la revista Time—que no se dedica expresamente a resaltar las virtudes de los humildes—cuando en la Navidad de 1976 se ocupó de la Madre Teresa en un reportaje inolvidable, lo encabezó con un título tan acertado como insólito. La definió como Living Saint: una santa viviente. En realidad, no fue el único semanario que hizo algo parecido, pero sí el más importante.

Ya era reconocida como santa entonces, en

que aún tenía 65 años de edad. Lo siguió siendo
—en ello coincidimos cuantos la conocimos y
tratamos de cerca— hasta el momento de su
santa muerte, a los 87 años de edad. En la fecha
de que pronto se va a cumplir una década: 5 de
septiembre de 1997.

Beata.
¿Cuándo santa?

Reconocida como beata, a la Madre Teresa se le
tributa, de momento, un culto limitado. Lo cual
contrasta con el ámbito, realmente mundial, de
su fama de santidad que, ya desde que estaba
viva la rodeaba. Porque otra cosa hubiera sido
que fuese una fama limitada a un monasterio
de cualquier rincón del mundo, o al ámbito de
las religiosas de una congregación religiosa. De
que la Madre Teresa fuese realmente una santa
estaba convencido medio mundo y también la
otra mitad.

Por esa razón, apenas tiene sentido que, por efecto de la "simple" beatificación, casi haya quedado circunscrita y limitada la veneración pública a la Madre Teresa, como en espera de que, tras una aceptación de carácter más universal, sea declarada santa y que su culto pueda extenderse a todo el mundo católico.

Hay razones para creer que la objeción se la planteó el propio Juan Pablo II. Llegó a revelarlo el Cardenal portugués José Saraiva Martins, en aquel momento prefecto de la Congregación para las Causas de los Santos, que fue la encargada de gestionar desde el inicio la causa de la Madre Teresa.

Se llegó a pensar en el Vaticano, no sin una fuerte razón y por supuesto sin que existiese la menor presión en tal sentido por parte de las Misioneras de la Caridad, que han procedido en todo momento con exquisita discreción y paciencia, si no se podía declararla beata y santa en la misma fecha, de manera que quedase propuesta a la veneración no sólo de las Misioneras de la Caridad y de las personas a ellas cercanas sino a la del mundo entero.

Pero fue el propio Saraiva Martins quien explicó la razón —que nos perdone: ¡no muy convincente!— de por qué habían renunciado a hacerlo. Dijo que se habían abstenido temiendo que, si hacían tal excepción a favor de la Madre Teresa, otras monjas hubieran pedido la misma excepción con respecto a la gran santidad de sus respectivas fundadoras. Con todo el respeto por tales hipotéticas religiosas llenas de veneración hacia su, por nosotros, desconocida madre fundadora, tendrían que demostrar si, más allá de su congregación, se trataría de una "fama de santidad" tan unánime y pacífica y sincera y… merecida como la de la Madre Teresa de Calcuta. ¿Quién, de ser así —sólo que… ¡parece difícil!—, se iba a oponer a que también a tal hipotética santa madre fundadora se le beatificara y canonizara en la misma fecha y acto?

En todo caso, haberlo omitido con relación a la Madre Teresa de Calcuta en razón de tal hipótesis de… improbable "santa rivalidad", no ha dejado de ser una lástima. Eso, al menos, se atreve a pensar —y escribir— quien ahora la recuerda: a la Santa Madre Teresa de Calcuta y del mundo entero.